胡武功/著

藏着的关中
——秦风秦韵

西北大学出版社

序言/民间关中

中国作家协会副主席 陈忠实

打开中国历史教科书,便打开了关中。便走进关中。便陷入关中。在历史的烟云里走了几千年,仍然走不出关中。

我从蓝田猿人快活过的公王岭顺灞河而下,不过50余公里,便踏入其姊妹河浐水边上的半坡母系氏族聚居村落,大约1个小时就走过了人类进化几十万年漫长的历程。我以素心净怀跪拜在人文始祖黄帝陵前的时候,顿然发现开启一个民族智慧灵光的祖先,仅仅拥有如此少的一抔黄土。面对周人精美绝伦的青铜制品,无法想象一个火炉如何冶炼得出如此复杂深奥的化学命题。作为周、秦、汉、唐等十三个王朝首都的长安不说也罢,单是东府一个小小的骊山,便可当作一部鲜活的历史来反复咀嚼。

火山骊山窒息死灭之后,在山脚留下一汪上好的温泉。这股温泉不经意间浸染了一个民族的历史教科书。戏弄了诸侯,也戏弄了周王朝的骊山上的烽火台,尚未火熄烟散,始皇帝就在山脚下修筑地下宫殿及陶制的禁卫军方阵。短命的秦王朝的惨痛教训,丝毫也不妨碍近在咫尺的温泉里君王和贵妃的人生快活,压根儿不知百余公里外的马嵬坡等待他们演出生死离别的一幕。恰似在这个烽火台下、秦皇陵侧,与残留着贵妃凝脂的汤池窗户斜对的五间厅里,蒋介石带着温泉的余热慌不择路地逃到山坡上,隐伏在北方寒夜冰冷如铁的一个凹坑里。这一夜的这一声枪响便注定了他13年后逃往海上的结局。那个隐藏过他的骊山上石隙里的凹坑,却成为中国现代历史完成转折的一个关键性符号。毛泽东曾经说过:"历史的经验值得注意。"以上几位在骊山下、在温泉里演绎过兴亡故事的角色,似乎谁也没有在得意的时候"注意"到前者在同一地点发生过的"历史经验"。今天,当世界各地男女拥到骊山下来游逛的时候,未必一定要去"注意""历史的经验",却也不至于发出"都是温泉惹的祸"的戏言吧。

一个古老民族的大半部文明史是在关中这块土地上完成的。历史教科书提供的资料,无以数计的遍布地表和地下的历史遗存,无论怎样翔实怎样铁定的确凿,却都不可避免时空的隔膜和岁月的阴冷。即如唐墓壁画的女人如何生动艳丽,即如兵马俑的雕像如何栩栩如生,你总也感觉不到一缕鲜活。当这些主宰着历史的统治者贪恋一池温泉醉生梦死的时候,关中民间的生活秩序和生活形态是怎样一幅图景?教科书和遗存中几乎无存，我只能看到生活演进到上个世纪几十年来关中农村和农民的生活形态。最近十余年来，中国的城市和乡村以前所未有的真实的高速度发展的时候，曾保存着、体现着的原有生活图景、生活习俗、生产方式正在加速消亡。更多的浸淫着思想文化，以及由此透见的关中人心理形态的戏曲、演唱、歌谣、婚丧礼仪等等，都在加剧着变化，加剧着消亡。我在儿时甚至延续到青年时代见过的许多如牛拉的石磨、石碾一类的东西早已停转了，即使今天乡村的孩子也不可理解麦子是怎样经过石磨变成面粉的。

摄影家胡武功先生无疑是最敏感到生活的这种变化的先觉者。几十年来追踪生活骤烈的和细微的种种变化，把新与旧的交替留在了自己的心灵底片上。在基本普及了机械收割和脱粒的关中乡村，《光场》的场面已经稀少难见，而这仅仅在10年前的小麦收割上场之前，还是遍布关中乡村的生产图像。《麦客》里的麦客也正在消失，这个汉子挥舞镰刀的姿态定格为一个历史的雕像。我可以听见杀断麦秆的脆响，可以感觉到镰刀下卷起的风和微尘，犍牛一样韧劲十足的脖颈和刀刻一般的口鼻，比任何舞蹈家苦练的舞姿都优美百倍，比任何雕塑大师的金牌雕像都要震撼我心，一种生活原型的自然美是无法取代，难以复制的。即将出场的《社火》，梳妆完整只待出门的《新娘》，我在看到一缕羞涩掩饰不住的欣喜的同时，似乎能感知到心跳。《皮影》幕后操作的架势，《哭坟》里儿女的痛心裂肺的表征，都使我直接感知到生活真实的进行形态，也一次又一次地感到真实生动的艺术力量的撞击。

以沉重的体力劳动为主的关中乡村生产、生活方式正在加剧变化，带有浓重的地域特质和周秦汉唐文化色彩的民间文化也在悄悄发生变化。从秦代一路犁过来的铁犁终止在小型拖拉机前，被农民挥舞了几千年的长柄镰刀被收割机械代替了，大襟宽档的衣裤已经被各色流行服装替换，电视把乡村传统的社火、戏曲、木偶、皮影毫不留情地排挤到冷寂的角落，甚至改变着年轻一代的语言习惯。这是一种进步，一种胜利，一种新的文明的生产方式和生活方式。然而，我还是动情于那种替代过程中的差异，一种习惯了的又必须舍弃的依恋，一种交织着痛苦也浸润着温馨的情愫。

敏感而先觉的胡武功朋友，许多年来专心致志于关中乡村的这种生活演变，捕捉到了堪称历史性的告别的生活画面，使我真切地感受到了今天民间关中的生产形态和生活形态，感受到在周秦汉唐的古老土地上生活着的关中人的心理形态，肯定为未来的史学家、民俗学家包括作家、艺术家了解两个世纪交接时代的民间关中，提供了一幅幅最可信赖的原生资料。

我便说，胡武功不仅是敏锐而先觉的摄影家，更是一位富于历史眼光和人文意识的思想者。

卷首语

  关中是中国古代文明的摇篮，秦风、秦俗是关中的灵魂。关中有秦岭、秦川、秦椒、秦人、秦腔。关中的山河、蔬果、人文都离不了"秦"字。秦，原是周原以西的一个部族，姓嬴氏，善养马，被周孝王封于秦地，即现在甘肃天水一带。到春秋时，秦穆公开拓疆土，逐渐东移，占领了周的发祥地雍岐。他们带着戎狄牧骑的勇猛彪悍，如饥似渴地汲取西周农业文明的精华，形成了丰厚聪睿的秦文化，传颂于海内和域外。秦始皇统一中国虽然只有10多年时间，但自公元前677年秦德公初居雍城起，直到公元前207年秦灭亡的近500年间，秦的领地与影响不断扩大。尤其是秦人还修筑栈道，沟通了秦岭天险，通过四川、贵州、云南直接与印度等南亚、中亚诸国通商往来。据史书记载，汉武帝时张骞出使大夏（今阿富汗），见到了蜀布、邛竹杖。他问大夏人：物从何来？回答说：从身毒（印度）买来。现在世界各国称中国China，是由古代印度梵文cina，chinas，以及阿拉伯文cyn演变而来，所谓古波斯人称中国为赛尼，古希伯来人称中国为希尼，它们都是"秦"的译音。古印度人称中国为震旦，震即秦，旦即斯坦，就是秦地的意思。可见秦当时在世界所产生的影响。秦始皇横扫六合，统一天下，在关中咸阳建都，把秦风秦俗秦文化逐渐渗透到全国各地。

关中人传承俗文化与漠视历史遗存，其实质都是生存直接需要的结果，或者说是一种集体无意识的产物。唱秦腔、耍社火、送花灯、做礼馍……这些充分体现俗文化的物质行为，是老百姓生命发展过程中不可或缺的程序，它们是物质化的文化形态，从中我们看到关中百姓热爱生命、尊重人性、崇尚礼仪、渴望幸福的人生追求。它们简陋而拙朴，浓重而热烈。因此，它们与老百姓的生命一起自然而然鲜活生动地沿承下来。而阿房宫、羽霓云裳都是生命以外的东西，随着利益集团肉体的消亡而灰飞烟灭。生命的实际需求高于一切，构成关中百姓人生观与历史观的核心。近年来，传统大宅院古民居一律推倒重来，取而代之的是四四方方火柴盒般的砖混结构平顶式楼房，其正是这种观念的体现。

目 录

习俗　　　　　　／ 1
社火　　　　　　／ 122
秦腔　　　　　　／ 151
城墙下的老戏班　／ 166
拴马桩　　　　　／ 176
后记　　　　　　／ 195

习 俗

人们说，从黄帝开始的数千年中，帝王将相创造了历史，才子佳人孕育着文化。而关中老百姓却以独特有形的物质方式，把自己的文化保留在住宅、饮食、衣着与习俗中。

俗话说：百里不同风，十里不同俗。由于地理、气候、经济发展、文化积淀、传统习惯的差异，关中人在吃穿住行、礼仪习俗上形成了自己独特的外在方式。最具有代表性的，要算流传于民间的"关中十大怪"。

关中十大怪

面条像裤带

关中盛产小麦，小麦养育了一代又一代关中人。关中人生产上的精耕细作，使他们在生活上也严谨缜密。他们能用面粉做成数十种食品，当然最喜爱的还是biángbiáng面。一根面条宽两三寸，长三尺有余，厚度与硬币相仿。算下来，一根面条至少也用去二两干面。过去关中人食肉少，基本不吃菜，主要靠面食养身，加上农活重，一顿饭吃上八两一斤面是常事。

辣椒当成菜

中原人称辣子为秦椒，关中人则称之为线辣子。这种辣子长一拃许，细如纸烟，色红似枣。每到收获季节，农家前庭后院、房上树梢，到处挂着一串串红光油亮的秦椒，吸引不少中外摄影家咔嚓咔嚓拍个不停。关中人把熟干的秦椒焙干研细，盛入精小陶罐中，泼入烧热的菜油，常常与一碗醋、一碟盐相伴，端上炕桌就食。1984年春节，我在凤翔农村拍照时，看到一副门楹：常年四季面为主，一日三餐馍当先。横批是：小菜一碟。所谓小菜，即盐、醋和油泼辣子。有人问：广东有粤菜，四川有川菜，江浙有淮扬菜，关中怎么没有名菜？关中人会说：这里自古帝王都，想吃什么各地就会献上来，哪里用我们去做！后来京华东迁，没人进贡了，关中人餐桌上就只剩下辣子做成菜了。当然这是个笑话，但过去关中绝大多数农民的生活一直是比较清苦的。在他们看来，只有面食与辣椒才是最好的食品，哪儿有吃大菜的奢望？近年来，虽然关中农民的饮食习惯有了较大改变，可种辣椒、吃辣椒仍然是他们的爱好。2002年我在岐山县马江村采访时，当地老人李永亨告诉我，这几年村里出了不少以辣椒致富的专业户，收入都在百十万元，有的家中盖了高楼，把孩子培养成大学生，这是农家人过去不敢想的呀！

锅盔像锅盖

关中人用发酵好的面烙成厚两三寸的大饼，称"锅盔"。据说，锅盔是一种与军事有关的食品。相传唐高宗与武则天合修乾陵时征用数十万军队与徭役，他们常常为吃饭时间过长而耽误工期，军工因此受到惩罚。有一士兵急中生智，把酵面放进头盔里，用火烧烤，烙成干饼，解决了大军的吃饭问题。当然，可以想象，大军逃跑时，把锅盔背在身后还可以防箭，两三寸的厚饼，不到一定距离弓箭是难以射穿的。乾县的锅盔全省有名，大概就是从那时流传下来的。

锅盔一定要用酵面，而且很硬，揉压颇费时力。耐心揉够一定时间，放入二尺铁锅中烙熟。起初锅要烧热，热度为手离锅底五寸即有灼热感。面入锅后需反复旋转，一两分钟后翻过另一面上焦。烙锅盔，麦秸火最适宜。需从锅底四周燃起，两面都上焦后，每隔三五分钟烧一把麦秸火加热，慢慢烙熟。这样的锅盔皮薄焦黄、外脆里酥，既好看好吃又能存放，是关中人最喜爱的吃食之一。

碗盆难分开

江浙人笑关中人的饭碗简直可以叫盆，关中人笑江浙人饭碗简直是酒盅。关中人喜欢用"老碗"（也叫"海碗"）吃饭，"老"与"海"都是"大"的意思。老碗是耀州宋窑烧制的口径一尺左右的白瓷青花大碗，如果没有碗底那一寸厚的碗把，很难说它不是一个瓷盆。盛满一老碗饭，没有手劲的人是端不动的，更不能持久端的。关中人吃饭喜欢聚在庄前村头，端着被油泼辣子染红的黏面，仡蹴在一起，边吃边谝（聊天），当地叫"老碗会"。

泡馍大碗卖

"天下第一碗"是关中人对牛羊肉泡馍的嘉誉。其中一是说碗大，二是指食为上乘。走进馆子入座后，堂倌沏上热茶，端上死面饦饦馍。顾客掰馍、喝茶、叙谈，口手不闲。讲究的老吃家，掰出的馍块，粒如黄豆。厨师见了，绝不敢怠慢，一定下瓢单煮，武火急攻，并根据顾客要求，分别煮定为"口汤""干泡""水围城"等不同类型。端上桌的泡馍，会配以糖蒜、香菜、辣子酱，吃时用筷子沿着碗边向嘴中拨动，奇香宜人。

手帕头上戴

关中男女喜欢把毛巾或手帕戴在头上。男人以白色为主,时常把土布帕巾或针织毛巾顶在头上,在脑后打一个交叉结。女人则以黑色为主,把帕巾叠成四方形,直接顶在头上。黑白是消色,与任何颜色的衣服都能搭配,显得庄重沉稳。关中人选用黑白二色与他们潜在的审美习惯和自然环境相协调的。近年来,年轻人有了很大变化,五颜六色的针织巾几乎完全代替了土布和黑色纱帕,戴法也各式各样。

房子一边盖

关中的传统住房都是黄土板筑厚厚的土墙,三四间的大堂屋是四椽结构,两边的厦房就成直角一坡形了。直角一坡形的厦房就是一边盖的房子。这种房子为土木结构,后背是七尺左右的土墙,墙上再用土坯垒至一丈五尺。前檐用砖石或土坯砌成,高约一丈,门窗一律安置在前面。两侧也用土坯砌成,不留窗口,俗称山洼。盖好后的房子为一边斜锯齿形,以土墙承受主要压力,不用大梁,节省木料,可谓因地制宜的一大创造。关中人把土坯称囫垍，它用湿土夯成，为长方形，晾干后坚硬无比，是农村的主要建筑材料。

姑娘不对外

关中黄土深厚，四季分明，五谷丰饶，温饱有余。优越的自然地理条件，造就了关中人固守本土的思维定势。男不远游，女不外嫁。问他们为什么，回答说，外边没有热炕、秦腔、西凤酒、油泼辣子、biángbiáng面。若一定要嫁，必先施一重礼。眼下农村娶媳妇，少说也要花五六万元。因此，另有一说为"姑娘高价卖"。

不坐蹲起来

就像上炕有盘腿的功夫一样，关中男人有蹲功。村头的石碌碡上，墙后的阳坡里，随处可见身着清一色对襟衣、大裆裤的汉子蹲在那里或丢方，或下棋，或打牌，一蹲就是大半天。即便在当年西安的饭馆里，也可见一帮人脱着鞋、挽着袖、咬瓶盖、有凳不坐蹲起来。他们喝着酒，咥着面，就着辣子，剥着蒜，自由畅快地边划拳边吃饭，那喊声能掀翻房顶。

唱戏吼起来

1924年夏天,在西安的绍兴人给鲁迅解说秦腔,说唱秦腔一要嘴大喉咙粗,二要注意保护耳膜。鲁迅看过秦腔后十分欣赏,在20天里看了5场秦腔戏,并为当时的秦腔剧团易俗社题写了"古调独弹"。秦腔声响腔圆、高昂激越,尤其是花脸演唱时脖上青筋暴突,声如虎啸,使人感到分明在吼,哪里是唱。但是,那高亢激越、令人热血滚沸的吼声中,撕不开扯不断的是幽怨、深沉的悲怆情怀和明世之理。

"关中十大怪"中仅吃就占了五怪,可见民以食为天是多么普遍而深刻。

穰 皮 子

谈到吃食,自然少不了关中人最喜爱的穰皮子。做穰皮子需有特制的炊具,名曰"穰锣",是一种用白铁皮制成的平底带浅帮的圆形容器。蒸穰皮前,先将淀粉与蛋白质分离后,取2倍的水将淀粉稀释,和入面浆中,稀释程度以能用手勺扬起拉成线条为宜,再放入盐和少量的碱;然后把面浆舀入穰锣中，均匀摇平，越薄越好；最后把穰锣放入开水中加盖蒸四五分钟，即成荷叶般透明的穰皮。把整张穰皮切成细条，配上用蛋白质做成的粗糙而多孔的面筋，加点豆芽、菠菜，再佐以芝麻酱、高粱醋、油泼辣子、蒜泥和芥末，吃一口光软筋滑的穰皮，尝一块膨松粗韧的面筋，五味俱全，令人爽口生津。我奔波于关中大地采访拍照，就是这种食品给了我营养和力气，给了我启示和灵感。记得1998年大年三十，我还在凤翔拍照，奔波劳累了一天，黄昏时分拖着沉重的双腿和疲困的身躯回到县招待所。因放假，招待所什么吃的东西都没有了，幸好还有夜市，便买了两碗穰皮、四两西凤酒。回到房间后，打了一盆热水，坐在沙发上，泡着双脚，喝着西凤酒，就着穰皮，看着电视剧《水浒传》，个中滋味，别人是很难体会的。

饸 饹

关中荞面饸饹也算一绝，与穰皮可谓姊妹食品。荞麦是一种生长于高寒旱原地带的草本植物，种子红棕色，三棱卵圆形。李时珍总结说："荞麦最降气宽肠，故能炼肠胃渣滞，而治浊带泻痢腹痛上气之疾，气盛有湿热者宜之。"可见荞麦可入药,有消食、化积、止汗和消炎的功能。

制作荞面饸饹是用水拌和荞面成面团,然后将面团放进饸饹床子上压出丝状面条。饸饹床子架在锅台上,铁锅一头有一面盒,中有蜂窝状小孔,面团放入后,有一凸状圆木恰好可塞进面盒,连在杠杆上,使劲下压杠杆,细长的饸饹便从面盒里被顺利挤压出来,直接入锅。少煮片刻,打捞出来,即为半成品。食用时调以蒜汁、芥末、盐和香醋。关中饸饹以蓝田的苦荞饸饹最为有名,其色泽金黄、口味独特,惹得西安人常常驱车数十里为的只是吃一碗新鲜的金线饸饹。

火 炕

在关中农村,无论是住平房还是住窑洞,人们都离不了火炕。火炕由土坯垒成,炕里至少有两个炕道,以便煨柴烧火。有的农家炕灶相连,做饭时的余火、余热得以充分利用,保持火炕时常温热。火炕很大,几乎占掉半间室内面积。炕上铺草席,席上压一床与火炕大小相当的四方棉被。天黑了,一家人头对脚、脚对头,躲在棉被下,送走寒冷而阴湿的夜晚。炕也是农家人的"接待室",客人来了,连忙招呼脱鞋上炕,围坐在一个一米见方的低矮炕桌旁,递烟上茶。主妇便洗手和面,一会儿工夫,热腾腾的臊子面便端上桌来,主客一饱方休。

火炕又是农家婴儿的摇篮。关中农民的炕角一般都有一尊石刻的小狮子或小老虎,一根红布绳,一头儿拴住石狮、石虎,一头儿拴住幼儿。大人忙时,孩子自己在炕上爬来爬去,绝不会掉下炕去。尿炕了,也不怕。土炕吸水,热炕挥发,一会儿潮被、湿炕就干了。

花　馍

热情、好客、友善体现在关中人的节日庆典、红白喜事中。关中人的礼节很多,婚丧嫁娶、生子过寿、盖房乔迁都需礼尚往来,而所带礼品少不了花馍。因此,花馍也叫礼馍。东府华阴、合阳、大荔、韩城一带的礼馍,造型丰富,做工精细,题材广泛,闻名于世。20世纪90年代初,华县曾在陕西美术馆和北京分别举办过花馍展览,使不少中外艺术家和民俗研究者为之震惊与赞叹。合阳县八鱼乡78岁的敬玉梅做了一辈子花馍,老人家对我说,她16岁开始跟婆婆学做花馍，60年中不知做了多少。她还说，做花馍是个细活，要有心，还要手巧。生面好做，可一上笼一蒸熟，弄不好就不是那么回事了。她给我介绍了做花馍的过程：首先要选上等精白细面，经和面、揉面、搓条、掐花等工序，然后细雕、巧捏成花草虫鱼、飞禽走兽、楼台亭阁，再用红豆、大枣、辣椒等做点缀装饰，最后涂抹五颜六色，上笼蒸制。做一批艳丽、生动、美观的花馍，没有三五天时间不行。我是在八鱼乡阿寿村庙会上见到敬玉梅老人的，当时她正要把自己做好的花馍送给庙会主管。那是一套造型精致、十分大气的牌楼、宫殿式花馍，无论墙砖房瓦、飞檐斗拱、华表石狮都十分逼真，尤其是缠绕在石柱上的游龙，鳞爪清晰可辨，祥云悠悠能摸。虽然没有涂抹任何颜色，仍然不失宏伟、肃穆、神圣的风韵。

送花馍非常讲究受礼对象的年龄、身份、职业特点。老人过寿，送"寿桃"；看女儿，送"笸箩"；孙子、孙女周岁，送"狮子""老虎""砚台"；祭祖敬神，献"子推"……总之，花馍不仅是物质，更是一种文化。花馍不仅体现着民间百姓的人际情义、良好祝愿，更体现着他们的生命理念与人文意识。

在此顺便谈一下一种别具风味的食品石子馍。石子馍是把面坯儿放在烧热的石子上，然后在面坯儿上盖一层蚕豆大小的卵石烙制而成。石子馍的历史可追溯到石器时代，到唐时演变成"石鏊饼"。据《资暇录》记载，石鏊饼本曰"谏饼"，是说耿直、刚强的关中大汉不受屈辱，常与官差发生口角，被抓去坐牢，为免坐牢时挨饿，自备此饼食用，故叫谏饼。虽说官府认为谏饼来历、名声不好，但谏饼以硬香见长，经藏耐储，皇家硬要拿去做贡品以孝敬天子。

过　年

历史悠久的文化沉淀，使关中的民风习俗古意盎然。尤其逢年过节，整个关中大地几乎变成传统风情的流动博物馆。

像所有传统的中国人一样，关中人也崇尚过大年。阴历腊月二十三祭灶，整个八百里秦川鞭炮齐鸣，蓝烟袅袅。祭灶供奉的是各路神仙和列祖列宗，祭品是饴糖和花馍，其用意除了纪念还在"糊口"。正如民谣云："灶糖一盘茶一盏，打发灶君上青天。天宫见了玉帝面，不当言者切莫言。"看来，这才是报喜不报忧的浮夸不实之风在民间的文化根源。

打发了灶君，百姓们便无忧无虑、随心所欲地热闹起来。在腊月的集市上,货架摆满街头,人群熙熙攘攘。真货假货走私货,真卖假卖拉托卖,各算各的账,各行各的事。最惹眼的是花花绿绿的窗花和红艳艳的楹联。尤其在西府的陇县、凤翔,街面上铺满窗花、裱纸、门神,把个原本灰暗少色的县城装点得色彩艳丽、春意盎然。窗花多为农家女自己绘制或剪裁,取材于狮虎龙凤、猪马牛羊、花草鱼虫及农家生活故事。陇县的窗花更显得拙朴、典雅。主人常常把窗花贴在一块黑色底布上,使窗花更加突出,色彩更加明艳。赶集的山民身背新锅,手提笊篱来到窗花前精心挑选一番,把买好的窗花、楹联连同年画卷在一起,插在棉帽的耳盖中,大步踏上回家的山路。

关中人于农历腊月二十四打扫房子。这一天,无论大家小户,都会把家什物品搬到庭院,彻底清扫屋内各个角落沉积了一年的浮土灰尘。旧时农家多用"白土"和水,搅成汤状,粉刷墙壁,使得屋里户外焕然一新。

大年三十这天一大清早起来,好像有人下了一道命令似的,关中农村家家户户开始换门神、挂春叶、贴楹联、裱窗花。顿时新桃换旧符,整个秦川亮丽起来,花哨起来,欢腾起来。

终于,盼了365天的除夕夜降临了,人们开始祭祖宗、过大年。这是一个阖家团聚的不眠夜,家家年饭是饺子。饺子用面皮包馅成型,寓意合拢、团结、向心，这大概是国人创造和喜欢这种食品的文化因缘。

春节里，大红灯笼高高挂，点亮了八百里秦川，映红了三千万秦人。大年初六至正月十五，是舅舅给外甥送灯笼（俗约，一直要送到外甥12周岁）的日子。一场瑞雪覆盖了旷野，山舞银蛇，原驰蜡象。只见田陌里、公路上，三三两两提着花灯、拿着麻花的人，脚踩白雪走亲访友。关中灯笼品种繁多，制作精美。久负盛名的有西安三兆的花灯，李家村的玉莲灯，周家的兔灯、狮子灯，灞桥的火葫芦，蓝田的大亮子灯。

早在汉代的长安就有元宵张灯的古俗，从正月十四到十六，连续三个晚上，大街小巷，村头院落，灯笼盏盏忽闪游动。小孩子们挑着舅舅送来的红灯四处游荡，有的还以灯笼相碰，嬉戏打闹。灯笼碰坏了、碰灭了，互不责怪，还振振有词地说："灯笼会，灯笼会，灯笼灭了回家睡。"边说边挑着被碰灭的或被烧掉一半的灯笼向家走去。

春节期间，也是青年男女结婚的好日子。无论东府还是西府，无论走到哪里，随时可见迎亲的队伍和待客的彩条塑料棚。主人见到生客，也会热情招呼其入席饮酒。见你偷偷拍照，毫无怨言，大多数都主动配合。

春节过后，关中大地沐浴在丽日暖风中，渭河两岸桃红李白、菜花灿黄，绿油油的麦田里穿红戴蓝的农家女挖野菜、锄杂草，一片祥和安宁的景象。

野菜指荠菜。唐代王宝钏住寒窑、挖荠菜的故事，家喻户晓。1960年大饥荒时，西安城里每人每月不到30斤口粮，天天吃不饱饭。记得当时父亲患了浮肿病，我实在饿得无法忍耐，就逃学跑到城外的田地里挖荠菜。晚上回来，父亲教我把荠菜洗干净，用清水煮了，放入盐醋，以此充饥。虽然是些清菜汤，但每顿饭加一碗，竟觉得饱了许多。荠菜、槐花，还有油渣和白菜根，伴随我度过了少年时代最重要的三个春秋。

秋　千

关中大地上的秋千活动，可追溯到唐代。那时的长安城中，无论在皇宫庭院，还是寻常百姓家，人们都会搭起木架，绑上秋千，在桃红柳绿中翩飞若鸿，那情景在许多唐代墓葬的壁画中得到生动的体现。

阳春三月的关中还留下一些年气，蓝天下，旷野上，数丈高的鞍形木架吊起长长的秋千，农村一年一度的秋千会到了。高高的木架上插着彩旗，水红的对联把木架打扮得亮丽起来。村里的男女老少都围在秋千周围，只见那些胆大者、有绝技者手抓麻绳，脚蹬绳套，一蹲一蹴，两三个来回便上了晴空。耳边的风呼呼响，眼下的地变成来回摆动的弧线。当他们荡得几乎与横杆平行时，围观者会发出"啊——"的惊叹声，人人都为他们捏了把冷汗。不光是年轻人，还有那些已经五六十岁的老汉老妪，竟然也不甘示弱。1992年3月，我在东府合阳县的王庄，看见那些英姿勃勃的老大妈在秋千上竟然比毛头小子还技高一筹。她们一个个紧蹬绳套，一高一低，此起彼伏。风吹起她们的衣角，荡起她们的短发，潇洒的身姿让人想到她们年轻时的美丽岁月。

荡秋千有单人蹬、双人对面蹬、一人蹬一人坐等形式。胆大力强机巧者，常常是秋千比赛中的获奖者。2007年春，我曾在地处秦、晋、豫三省交界处的孟塬司家堡拍摄那里一年一度的秋千会。司家堡是一个古老的村庄，据说是清代守军营地，曾称南孟屯。军中一胡姓军官为活跃士兵生活，精心制作数种秋千，让士兵以荡秋千为乐，强身健体。后来军士转入农垦，籍入村民，便把这种军旅活动融入当地民俗。经过传承发扬，增加了许多符合农业文明的秋千种类，形成一年一度的清明秋千会，并延续至今。司家堡的秋千会少说也有200余年历史，每年清明前后，方圆数十里三省的百姓都会拖儿带女、扶老携幼汇集在这里看热闹、赛秋千。这里的秋千会号称"十全秋",有架子秋、纺车秋、竹竿秋、八卦秋、天平秋、老哥秋、自吊秋(也叫"熊跌膘")。各种秋千,名目繁多,不一而足。每种秋千都有不同的玩法,都会彰显出玩家的不同技巧。2012年,司家堡秋千代表陕西省参加"中国秋千展演暨第十一届中国民间文艺山花奖民间绝技绝艺大赛",一举夺魁,荣获金奖。2013年司家堡被中国民协授予"中国秋千文化之乡"称号。我看到,在秋千古会上,还举办"走马会",表演"曲子腔",特别是当下走红京城的"华阴老腔",深受人们的喜爱和欢迎,使三省的老百姓在这里度过了一个开心、畅快的清明节!

车　辆

从发掘的西周和秦始皇帝陵车马坑来看,自古以来人们就以车马来显示地位与财富。贵族皇室如此,民间也如此。只不过皇家贵族的车用于享受和战争,民间百姓的车则用于劳动和生产。关中老百姓常用的独轮车,全部木制,两根车辕成人字形夹住车轮,车轮上安有木架车头,两辕的中部有横木钻铆相连，形成货架。两辕的扶手处分别上有铁环，以便远行时推车挂住车襻。车襻搭在肩上，连扛带推，不但利于使力，还能耐久多行。进入20世纪70年代以后，出现充气胶轮车，运行起来更能省力。

牛马车是老式双轮大车，也基本是木制。高大的车轮，从轮辋到车辐、轴套全由上等硬木制成。为了耐磨，在轮辋上包有铁皮。20世纪70年代以后，这种老式双轮大车逐渐退出百姓生活，结束了自己千百年的历史使命。如今许多高级宾馆饭店的门厅及私人住室，都用这种大车或车轮来做装饰。即便是稍后出现的胶轮马车，现在也越来越少。手扶、四轮等拖拉机已基本上变成关中老百姓主要的农业生产和交通运输工具。逢会赶集，可见满载大人小孩儿的拖拉机、大卡车，飞也似的驰骋在山间田野的沙石公路上，车帮两边挂着乘车人的自行车和包裹行李，后边还拖着长长的灰尘。不时有摩托车擦身而过，骑手戴墨镜、穿西服，左袖口上明显可见条状品牌商标，后座上依偎着脚蹬黑靴、头顶礼帽、身着套装的时髦女郎。近年来，首先富起来的部分农民，甚至买了自家的小汽车。

细狗撵兔

近年来，城里人尤其那些大款新贵们兴起宠物热，他们把狗不叫狗，叫亲蛋、叫女女，并自称为亲蛋或女女的"妈咪""爹地"，显得酸溜溜的。其实，关中人早就有好狗的传统，也非常关爱、心疼狗，但不像现在那么酸气、娇柔。关中人除了豢养看家狗外，更有在冬春季节赶细狗撵兔的习俗。

关中地区尤其渭北一带的田间多野兔。关中平原千里，物产丰茂，极适宜野兔的繁衍生存。野兔以冬小麦和蔬菜为食，给庄稼带来极大危害。而细狗是野兔的天敌，农民最初用细狗撵兔出于保护自己的劳动果实，随后演变成一项户外活动。

细狗长着尖尖的脸，垂着两只长长的耳朵，身材瘦细，双腿挺拔，奔跑迅疾，反应敏捷，常常不出50米，就能把野兔擒住。在关中农村，"细狗撵兔"早就蔚然成风。细狗原产古埃及，最早可考的资料是金字塔壁画上的狩猎形象。据说，西汉时细狗由丝绸之路传入长安，从御用狩猎渐入民间。可蒲城人说，细狗是杨虎城在欧洲考察时带回来的。此说虽无可靠的证据，但蒲城人宠爱细狗，喜欢带狗在田野撵兔，却是事实。

细狗撵兔的最佳时节为冬、春两季，这时地无庄稼，野草枯萎，视野开阔，更没有踩踏庄稼的顾虑，任尔驰骋追捕。我曾随蒲城细狗协会的各位好手追捕过野兔。那是一个初冬的早晨，我们在一家饭馆吃了热腾腾的羊肉泡馍，百十号人牵了百十条细狗，分乘十多辆大小车，直奔澄蒲交界的广袤旱原。

细狗在车上显得很不安稳，吐着长长的舌头，东张西望。车门刚打开，它们就迫不及待地跳下车，硬扯着主人向野地跑去。藏在草丛中的野兔早就被吓得魂不附体，有经验的主人手持木棍，向草丛挥去。眼看再不能藏身，野兔猛地窜出来，向远处逃奔。霎时，所有主人放了缰绳，同时大声吼叫："来了，来了！"细狗们像脱弦之箭，直奔野兔而去。大约一分钟时间，细狗叼着野兔兴致勃勃地回到主人身边。主人告诉我，细狗撵兔绝不惜命，累死都会穷追不舍。因此，每次追击必须控制在两分钟内。一场追击下来，总有一些细狗负伤，有的碰破头，有的摔断腿，这是最令主人伤心的。

从清晨出发，到傍晚回家，整整一天跑了百十里路，午餐是凉水就馒头。收获嘛，王根友会长乐呵呵地说：不仅是百十只野兔，重要的是收获了一个好心情、好身体。我说将来我要把细狗撵兔写进我的书中，他说那时一定送一本书给他。说到王会长,这位被称为"狗司令"的会长,是我同事的父亲。他虽话语不多,但做事扎实、为人厚道。赶上改革开放,他组建了自己的工程队,为城镇化建设做了贡献,自己也获利——由一个普通农民变成首先富裕起来的人。遗憾的是,就在我整理文稿出书之际,他却突然因心脏病辞世,终年才60岁。

随着农村经济兴盛,许多有钱人加入到细狗撵兔的行列。蒲城、大荔、华阴、渭南、泾阳、高陵、礼泉等县先后成立了细狗协会,选举了"狗司令"。甚至许多城里人也慕名加入,据说城里人加入主要是为锻炼身体,长期坚持追随细狗撵兔,许多疾病得到了控制和根除。

优良的细狗每只价格飙升到三四十万元,最贵的超过百万元。近年来狐狼绝迹,野兔泛滥,庄稼损失严重,许多乡村邀请细狗协会帮他们灭兔,协会不收费用,慷慨应诺。因此,养狗撵兔的人越来越多。

庙　会

关中多庙会,庙会大都安排在冬春季的农活闲少时。关中有影响、规模较大的庙会，有宝鸡炎帝庙庙会、岐山周公庙庙会、凤翔灵山庙会、周至楼观庙会、耀县药王庙庙会、蓝田水陆庵庙会、华阴华岳庙庙会等。从历史上看，关中是一个文化兼容、宗教并蓄之地，道教、佛教、回教、景教、摩尼教……早在魏晋时就已教派林立、香火兴旺了。

高僧、道人、教士各崇其祖，而芸芸众生就不分佛、道、基督的差异了。关中人敬神不信神，一切从实际出发，把心中的佛、道、主统统搅在一起，见庙就烧香，见神就叩拜。许多庙前挂着佛幡，堂上却敬着真武；即便是天主堂里，也悬挂起中国的楹联和横批来。善男信女、宗朋教友为一个实际的心愿，为一个现实的念想，上一回山，进一次庙，烧一裱纸，敬一回神，吃一碗凉皮，买一条红绳挂在脖子上，心满意足地返回家去。一切归旧，自度时日。

关中庙会，其实质早已成为最基层大众的文化与物资交流大会了。会期除一般的教事活动外，人们更热衷追逐的是剧团、马戏、台球、舞棚和最时兴的卡拉OK。尤其是那些几乎袒胸露背、展示肥胖双腿的艳舞表演，往往惊得朴实的农民眼发直、嘴半张，大气都不敢喘。戏台上正紧锣密鼓，戏台下的剃头担子也冒着团团热气。只见贼亮的剃刀在杂草般的头发中硬开出一条"通道",紧接着三下五除二,一个青亮、带着血印的光头脑袋就出现在剃头匠人的掌握之中。拔牙的游医用钳子和锤子在张开的嘴里连夹带敲,把一颗颗黑的断裂的病牙连根除掉。为人穿耳孔的中年妇女,轻轻一扣扳机,只见粉白色的耳垂就多了个能挂坠子的小孔。卖老鼠药的把印有死老鼠图像的帐子披在身上,像穿着战袍,在人流中拥挤,高喊着:"三步倒,三步必倒!"庙前宇后的空地上摆满家什农具,树间挂着五颜六色的布匹和针织品。商贩们常常费很大力气把商品背上山来,农民们发现这些商品的价格竟然比城里商店便宜许多。他们喜欢从庙会上添置农具和日用品,把商人背上山的东西再背回去,为图个吉利,一般都不空手而归。

神　龛

关中是华夏民族农业文明的发祥地。早在远古时代,周人的祖先后稷就在渭水边教民稼穑,发展农业,被后世尊为神农。也就从那时起,关中人的心里就埋下了恋土情结的种子,再也离不开这块土地了。土地成了关中人的命根子,"土地爷"成了关中人心中最亲切、最重要、最实际的神。当然,还有管水的龙王神、管火的灶王神、管钱的财神等。凡是直接关系到基本生存的物像都被关中人虚拟为神，定期觐拜。关中人也尊敬菩萨、真武、天主等神，但这些神在他们心中都是一些管大事、高层次的圣神，不那么亲近，只是在有大的精神活动（如踏青、祭祀、赶庙会）时，才作为一个程序觐见拜谒它们。走进关中村落，无论门墙上、宅院中，在特定的位置上都有敬奉直接关系生存的各路神仙的神龛。

神龛有永久性的，有临时性的；有豪华的，也有简易的。所谓"永久性豪华神龛"，是在建房时就已设计好，并作为整体建筑的组成部分修砌而成的。20世纪80年代以前，关中农村多为土屋，神龛基本上是土坯结构。如今农民大兴土木，老屋一律推倒重来，变成钢筋水泥结构的新房子，神龛也由青砖砌成，并用水泥打磨得平滑光亮，龛中立一尊10厘米高低的神像。而那些临时性的简易神龛，则是一张裱纸、一个竹筐、一页囫坉、一片圈席等，贴上神像和对联就算神龛了。中国农民敬神不但是自由的，而且是随便的。想起来就敬，农忙时就丢在一边，不像西方人把信仰和宗教贯穿在生命的全过程。实际上，中国人敬神不信神，其信仰是自由的、实用的。因此我们看到，虽然中国农村也修庙宇、建教堂、塑神像，但总体来看是简易的、千篇一律的，缺乏个性特征。中国农民似乎更喜欢把神灵请回自己家中开小灶敬奉，这样更符合小农经济的意识与行为。的确，在长期进化发展过程中，人发现、发明、创造和利用了水、土、火、钱等种种必不可少的自然与社会物资，在不能充分而自如地把握这些物质力量的时候，出于敬畏而虚拟、物化出种种神灵，用祭祀与朝拜的虔诚之举，幻想博得神灵的保护与恩赐。

神龛在关中农村是普遍的也是平凡的，是简陋的也是草率的。在如此环境氛围中，中国神失去了应有的神圣感、神秘感、神奇感。随便一个巫婆、神汉，都可以成为中国神的替身，从而在人间布道行医、占卜预言。中国神就如同关中最普通的俗民一样，平日没有人在乎它的存在与消亡。一年的大多数时间里，中国神与神龛是被人遗忘的，只有春节那几天会被记起来。那时候，神龛被披红挂绿的楹联、门额和窗花装扮得焕然一新，神才堂堂正正进入人们的主流生活中。

关中农村的神龛除敬奉土地神外，水井旁的神龛敬奉龙王神，厨房的神龛敬奉灶王神，正房的神龛敬奉财神。"进门一神仙，四季保平安"——敬神的目的多么直白与赤裸；"地里生白银，土中产黄金"——对土地的要求多么明确与坚定;"奇水养一家,宝泉供百口"——对龙王的恩惠发出由衷的赞颂。从神龛两边的对联中,我们可以看到关中人普遍的生存理念、理想,对土地的依附和对良好生存环境的企盼。同时,从"奇水""宝泉"的对联中,我们还明显体会出关中历史上多旱少雨的自然气象。当农民用花馍、水果、裱纸祭祀土地神的时候,我们会想起农民们用犁用锄用耙精心梳理土地的情景;祭祀火神时,我们会想起他们或采火或灭火或面对烈焰无可奈何的情景;祭祀财神时,我们会想起他们千里贩运、配送、交流的情景。总之,当农民们以崇高与虔诚侍奉所有神灵的时候,何尝不是对他们自己的发现、创造与生命历程的祭祀呢?随着生产力的发展,随着文化、文明的进步,神龛的实际意义已变成关中农民历史演进的一种化石,已变成关中农村民居建筑的装饰。而春节期间的祭祀活动,也仅仅是广大农民一年一度的生活程序与日子过场。它与过大年中的耍社火、扭秧歌、挂灯笼一样,是农民人生旅途的一个逗号,成为人们过日子的一个企盼。总之,神龛为少色的关中农村图景增添了一些亮点。

婚　嫁

男大当婚，女大当嫁。婚嫁是人生历程中的一件大事，是创造生命、延续生命的仪式。虽然关中横跨八百里，婚嫁习俗有许多差别，但总体来说离不开坐亲、开脸、哭嫁、铺床、礼拜、吃和气饭、摆筵席等基本婚礼程序。1984年，我在商洛山区采访时，正赶上一对农民青年的婚礼。新娘家在靠近公路的一个小山村里，远远就看到她家门前摆着花架和嫁妆，围着黑压压的人群。我下车上前察看，走进柴门，只见一少妇正在给身着红衣红裤的新娘剃眉、刮脸、挽发髻。新娘面无表情，但眼角有些湿润，像是哭过。另两位少妇走出走进，一边忙着给箱柜中放果品、糕点、花馍，一边指挥人给花架里添置嫁妆物品。一切收拾完毕，新郎已带人前来迎娶新娘。进门后，他们向女家执事人交了12个花馍、3张红帖和1副冠婚吉书。吃罢筵席，搬嫁妆的人有意把碗盏、酒杯悄悄揣怀带走，留作将来耍媳妇时当物证用。这时嫁妆启程，女方护嫁人跟随在花架箱柜后边，新娘由"命强"少妇相陪上路。新娘本该坐轿或坐车，但因轿已过时，商洛山区又贫穷,没有汽车,只好步行。眼看要出村时,新娘突然号啕大哭起来,不忍离去。我随着这支简易而充满喜气的队伍,沿着山间小路向三里外的新郎家走去。进了新郎家的村口,就传来热烈的鞭炮声。袅袅蓝烟里,礼宾先生边撒草料,边令陪嫁人带新娘脚踩红布行进。新郎在门口换上靸鞋,胸前披挂上几条大花被面,与新娘并肩行至祖宗堂前,由主婚人宣读结婚证书。末了拜天地,拜父母,拜媒人,夫妻对拜,然后进洞房。进洞房前,新郎的弟妹及同村好友堵在门边,讨"份"嬉闹,不准新人入内。直到讨到红包后,才勉强让新人进去。午宴时,新郎、新娘出洞房到筵席间为所有宾客敬酒。这时,突然有人抱住公婆,将锅煤灰抹在他们脸上。宴罢,女方客人请公婆到洞房商定新娘在家第一次应住天数及往来事宜,然后告辞,婚礼到此结束。拍了新郎的照片,我也该返回了。临走一位长者告诉我,当晚洞房灯火不灭,新郎的好友和嫂嫂、弟弟、妹妹及一些长辈都去"耍媳妇",嬉逗取乐,玩至深夜,让新人吃馄饨、掰花馍,再戏耍欢闹一阵,方才散去。

关中人送女时的嫁妆最令人关注,尤其是那些花花绿绿的刺绣枕头。一大早,所有嫁妆就都摆在室外的屋檐下。20世纪七八十年代的大件嫁妆是缝纫机、自行车、手表,加上新媳妇亲手绣的花枕头、花鞋垫等。90年代以后，大件嫁妆为彩电、冰箱、摩托车和刺绣品。刺绣品是绝对不能少的，它是新媳妇心灵手巧的标志。村里的老嫂子、老大娘都会围在嫁妆前评头品足，大加议论一番。

进入20世纪90年代以后，农村经济逐渐好转，农民收入多了起来。无论平原，还是山区，雇车娶亲已经风行。最初用拖拉机、大卡车，后来用大轿车迎亲。直到20世纪末，几乎都要小轿车接亲，老旧的婚礼程序也减免了许多。

土　葬

人是世界的精灵。人生在世，有意无意地继承和创造着属于自己的文化，或者说，为属于自己的文化大厦添过砖、加过瓦。然而，人生短暂，宇宙长存。无论老死还是病逝，都乃人生大事。民谚云：何处黄土不埋人。在关中，土葬是数千年来仅有的殡葬方式。葬礼尤为厚重，仪式十分繁杂。只是到了20世纪50年代以后，由政府倡导开始逐渐推广火葬。

走遍关中，凡家中老人年过花甲，堂房内都放有儿女为之准备的寿材。

寿材以松柏为优,家境贫寒者以杨柳杂木代之,也有用薄板装钉或用芦席卷尸掩埋者。一般家庭都会为老人准备5至7身寿衣,为长袍马褂一类清代衣服式样。老人去世后,即可剃头或梳头、洗浴、整容,尤其要在四肢僵硬前穿好寿衣,这些称为小殓。小殓后的死者,用草纸或白绫蒙面,再用白布或纸绳把手脚捆在木板上,献"倒头饭",点"照尸灯",子女侄孙戴重孝,直系亲属守灵3至7天不等,并立即在大门外挂打纸(12杆或24杆),俗称纸蟒。接着要向亲戚报丧,待逝者家族及舅家外甥等亲戚到齐后入殓。入殓时,要给棺底铺黄土和柏朵,四角放置丝麻、铜钱、棉花、灯芯、锯末。殓毕,孝子守灵,彻夜不眠。其间,请鼓乐礼宾、僧人念经做道场。若死者终老天年,称为白喜事,重孙必须披红,并请剧团唱大戏,全村将热闹一番。

关中人吊唁方式十分讲究。吊唁时有亲朋来,鼓乐先响,闻声穿白戴孝的儿女及外甥们齐哭。孝子迎上,搀唁客到灵前行礼烧纸,哭喊几声,叩首垂拜。唁客被孝子扶起,进屋就座,与人们怀念一番逝者生前的品行和功德。

在吊唁与祭奠期间,会请阴阳先生看穴砌墓。墓穴是先挖一方大于棺木的长方形墓道,深约3米,再横向打一洞穴,便是置放棺材的地方。发葬时间一般都在早晨。起柩入墓要经过明烛、抬香、焚纸、进膳、祭酒、读起柩文书等程序。

我在蓝田拍土葬时看到，先由孝子提斗到坟地扫墓，撒五色粮，然后奏乐起灵送葬。这时，哀乐与哭声四起，纸幡花圈紧随，鞭炮齐鸣，纸钱飘洒。只见灵柩由10多个壮汉抬起，向墓地奔去。孝子头顶孝盆，出村后在十字路口摔碎。到墓地，灵柩被放入墓穴，砌封穴口，众人挥锹放土掩埋。孝子贤孙放声痛哭，哀乐不断。纸人、纸马、花圈、冥纸随火焚烧。放土埋人的乡亲们，这时仍不忘玩笑打闹，彼此将黄土撒向对方身上打趣。不一会儿，一座新坟出现在田野上。此时，众人像完成了一件神圣的使命，扛起铁锹，默默散离回村。

人走了，埋掉了肉体，留下了精神和文化。

关中人薄养厚葬。平民的一生，只有死后入葬这段时间最风光，最能体现其价值。自死日起，规定要过七个期，一期七天。逢期、百日、周年要致祭，直到三周年后孝满。三年孝期，后人要穿白鞋，不办大事，不出远门。逢年过节不大操大办，对联门槛只用蓝、绿、黄色，以示对亲人的惦记、对先辈的祭祀和对生命的尊重。

清　明

　　清明节扫墓祭祖是关中人开春后的又一大事,这一习俗从唐代就风靡盛行了。清明前后乍暖还寒,忽阴忽晴。人们携儿带女、成群结队来到自家先祖坟茔旁,填平蚁穴、兔窝,为经过一年风雨冲刷、低矮了许多的老坟堆培新土,献上食品菜蔬。有些大户人家还在墓旁举办酒宴,歌以行酒,酣醉始归。唐人清明和社日祭祀饮酒的风情,在许多诗文中都有生动描写。张祜在《巴州寒食晚眺》诗中说:"东望青天周与秦,杏花榆叶故园春。野寺一倾寒食酒,晚来风景重愁人。"王驾在《社日》诗中写道:"鹅湖山下稻粱肥,豚栅鸡栖对掩扉。桑柘影斜春社散,家家扶得醉人归。"为此唐玄宗曾多次下敕文规定不许扫墓时饮酒酣醉,但并未禁得住,而且愈演愈烈。发展到宋代,每逢清明,扫墓成为朝廷大事。官府屡屡派遣人员一批一批去各陵祭奠,地方官员酒肉相待,自不必说。百姓也纷纷效仿,携酒扫墓,踏青春游。"四野如市",是当年最形象的写照,此俗一直流传至今。

　　20世纪50年代以来,我国政府致力于殡葬改革,积极推行火葬,督促人民放弃土葬，在大城市取得一定效果。本意上的火葬，确实是利国利民利生态环保的好事情，受到普遍欢迎。尤其是对广大低收入的普通百姓来说，减免了因殡葬带来的极为沉重的经济负担。近年来，随着经济发展，城乡人民收入增长，简洁的火葬仪式变得繁杂起来。除火化尸体与以往不同外，其他土葬程序一律恢复原样，并且更加讲究了。与火葬配套的公墓、陵园建设迅速兴起，仅西安、咸阳、长安、蓝田就兴建了寿阳山、栖凤山、灞陵园、安灵苑、茂陵故园等数十处骨灰安放地，价位3000元至10万元不等。在寿阳山，有一位先富起来的人，买地、立碑、建亭共花了30余万元，成为扫墓祭祖者谈论的热门话题。而今又一个10年过去了，墓地的价格水涨船高，死人与活人争地愈演愈烈，丧葬仪式也越来越隆重。在陵园中，所有墓穴前都立有石碑，小的成尺高，大的2米有余，上边刻有死者姓名、生卒年月，讲究的大石碑背面还刻有死者生平简介。一时间，树碑立传之风吹遍关中大地。除公墓、陵园石碑林立之外，洁净平整的田野上，无论新坟旧墓，旁边统统竖起或水泥或青砖或石刻的碑亭。祭祀者抛弃的五颜六色的塑料袋，被风吹挂在树枝草丛间，越积越多，热闹非凡。真不可想象，这些百年难解之物，将给黄土地带来怎样的后果。

修建陵园与开发活人住的房地产一样,被开发商当作新的经济增长点,有高利润可图,因此陵园越修越大、越建越多,好端端的黄土地变成了石板林、水泥林。每年4月3日至5日,通往各陵园的公路上车水马龙,拥挤不堪。任凭公交车一增再增,任凭中巴车一快再快,任凭私家车越来越多,也难以满足上坟心切者的要求。先富起来者自驾车,有权者开公车,无钱也无权者乘公交车或扶老携幼步行上坟扫墓,旧俗新时尚。全城人几乎一下子拥了出来,流向陵园坟地。扫墓祭祀刺激冥币阴票、纸扎香火业越来越兴旺。在通往陵园的路上,这种商贩常常是三里五里夹道兜售。随着现实生活中各种家电的出现和住房条件的改善,祭奠逝者的纸扎已不拘泥于老式的元宝、手镯、纸人纸马、童男童女,还引进了彩电、冰箱、手机、高层住宅等纸质造型。车进陵园还未停稳,立即会拥上来一群手提祭品、腋夹烧纸的商贩,用最诚挚的语言、最动情的音调,推销这些实际上毫无用处但却消耗了珍贵资源的纸扎香火。上坟者为表示自己的孝心,抑或为展示自己的富有,除选最具现代化意味的纸扎、最上乘的香火、最好的食品蔬果外,还要备上最响亮的鞭炮、最艳丽的鲜花、最地道的打过钱眼的冥纸。在一层层一排排一行行的石墓与石碑中找到亲人的位置,摆上供品,点着香火,斟了酒水,鸣放鞭炮，敬祭亡灵。这时，只听得陵园内外一片爆响，烈火熊熊，青烟袅袅，灰烬随风飘荡。本来一个宁静、清新的原野，被搅得浮尘滚滚，混浊污染，骚动不安。夕阳西下，完成了神圣祭祀活动的人们，匆匆返回。公路上再次沸腾起来，喊人声、叫卖声、车鸣声与因拥挤摩擦而引发的叫骂声交织在一起，随着车队、人流滚动。在这里，现代与传统、旧约与新规、秩序与无矩，得以最完整地融合与显现。

人们说，从黄帝开始的数千年中，帝王将相创造了历史，才子佳人孕育着文化。而关中老百姓却以独特有形的物质方式，把自己的文化保留在住宅、饮食、衣着与习俗中。

① 吃豆花泡馍（凤翔县）1985年摄

② 关中人喜欢的锅盔饼常有两寸厚（扶风县）1986年摄

③ 吃（扶风县）1985年摄

① 农村妇女头顶手帕的现象已经少见（长安区）1984 年摄

② 满月（凤翔县）1984 年摄

③ 红头巾（合阳县）2011 年摄

①	②
	③

① 一边盖的房子在宝鸡地区很是多见（凤翔县）1990 年摄

② 关中人爱蹲，即便是有凳子也不坐（潼关县）1988 年摄

③ 红白喜事都吃臊子面（凤翔县）1994 年摄

① 卖窗花（凤翔县）1985年摄

② 卖凉皮（凤翔县）1999年摄

③ 压饸饹（户县）1998年摄

① 农村的火炕也是关中人的会客厅（凤翔县）1985年摄

② 蒸好的花馍还要精心"打扮"一番（华县）1992年摄

③ 带着花馍走亲戚（韩城市）1992年摄

① 为庙会做的牌楼花馍（大荔县）1999 年摄

② 古城灯市（西安市）1984 年摄

③ 给孩子做满月送的花馍（大荔县）2000 年摄

① 祝寿（蓝田县）1993年摄

② 剪窗花（凤翔县）1984年摄

③ 挂面（扶风县）1996年摄

50

① 买对联（陇县）1985 年摄

② 爆米花（凤翔县）1986 年摄

③ 明朝版的木版年画（凤翔县）1985 年摄

① 明朝版的门神（凤翔县）1986 年摄

② 凤翔地区的灯笼（岐山县）1987 年摄

① 在自家院子里糊灯（西安市）1987 年摄

② 提灯笼的老太婆（扶风县）1988 年摄

③ 卖灯的农民（蓝田县）1988 年摄

① 西安三兆的羊灯（西安市）1990年摄

② 贴门额（凤翔县）1992年摄

① 换旧符，迎新年（凤翔县）1990年摄

② 换上新窗花（凤翔县）1990年摄

③ 正月十五上坟点灯（咸阳市）2000年摄

① 吃冰糖葫芦的孩子（宝鸡县）1997 年摄

② 莲花灯（凤翔县）1998 年摄

③ 蓝田县的大亮子灯和火葫芦灯（蓝田县）1994 年摄

小老虎(周至县)2010年摄

正月的秋千（澄城县）1990 年摄

天平秋（华阴县）1990 年摄

老哥秋（华阴县）2007年摄

自吊秋（也叫"熊跌膘"）（华阴县）2007 年摄

线轮秋（华阴县）2007 年摄

① 被称为"木牛流马"的独轮车（凤县）1992年摄

② 这样的五轮车，已经很难再见到了（合阳县）1992年摄

③ 车上的睡孩（陇县）1997年摄

① 三种车（西安市）1997 年摄

② 车带人，人拉车（千阳县）2001 年摄

③ 人骑车，车骑人（千阳县）2001 年摄

① 乘车（合阳县）1998 年摄

② 轻骑进农家（陇县）2009 年摄

③ 归途（凤翔县）2012 年摄

细狗(长安区)2012年摄

逮住了（蒲城县）2003年摄

在冬春季的关中平原随处可见细狗撵兔的情景（泾阳县）2014年摄

蒲城细狗协会会长王根友（右一）和他的会员们（蒲城县）2003年摄

一般情况下，40分钟内细狗便可生擒野兔（泾阳县）2014年摄

卖香火（眉县）1982 年摄

① 卖神像（凤翔县）1985年摄

② 摆地摊（凤翔县）1986年摄

① 卖小猪（潼关县）1987年摄

② 农村集市（凤翔县）1988年摄

③ 过桥（周至县）1988年摄

① 中奖（澄城县）1988 年摄

② 爷孙赶集（潼关县）1989 年摄

③ 赶集（岐山县）1989 年摄

85

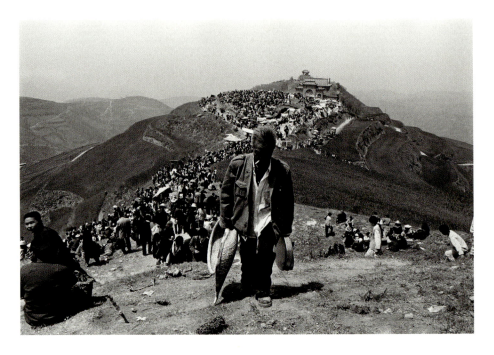

① 庙会上的小吃摊（西安市）1989 年摄

② 在庙会上进行物资交流（凤翔县）1990 年摄

③ 卖气球（凤翔县）1992 年摄

① 准备开张（蓝田县）1994 年摄

② 上香的信民（千阳县）1997 年摄

① 推销鼠药（周至县）1998年摄

② 穿耳洞（周至县）1999年摄

③ 大棚交谊舞（周至县）1999年摄

① 过闹市（大荔县）1999年摄

② 庙会上（周至县）2002年摄

③ 集市相遇（周至县）2010年摄

① 赶庙会（周至县）2011 年摄

② 拜神（眉县）1977 年摄

① 敬水龙王的神龛（凤翔县）1990年摄

② 敬奉土地是农耕文化的传统特色（凤翔县）1992年摄

① 敬土地的神龛（凤翔县）1992 年摄

② 打囵坦（长安区）1992 年摄

③ 用纸箱做的神龛（凤翔县）1992 年摄

① 新式神龛（凤翔县）1994 年摄

② 敬灶王的神龛（凤翔县）1992 年摄

③ 农家小院的神龛（凤翔县）1998 年摄

① 红砖砌成的神龛（凤翔县）1999年摄

② 关中民居上的永久性神龛（澄城县）1998年摄

① 烧制在瓷砖上的简易神龛（户县）2010年摄

② 老式建筑上的简易神龛（周至县）2010年摄

③ 看嫁妆（凤翔县）1985年摄

① 30年前出嫁能坐大卡车都令人羡慕（凤翔县）1986年摄

② 闹新房（凤翔县）1986年摄

③ 姑娘出嫁坐的花轿（蓝田县）1988年摄

① 新人敬酒（凤翔县）1991 年摄

② 连环灶（蓝田县）1994 年摄

① 奶娃（凤翔县）1992 年摄

② 闹公婆（淳化县）2011 年摄

③ 以往关中人都喜欢找本乡本土的对象（扶风县）2000 年摄

① 家中有人过世，要在门前挂蟒纸（蓝田县）1986 年摄

② 下棺前孝子要先检查一下墓穴（凤翔县）1988 年摄

① 高寿仙逝为白喜事，重孙要披红（凤翔县） 1988年摄

② 诀别（凤翔县）1988年摄

① 龙棺在唢呐声带领下离开村庄（凤翔县）1988年摄

② 守灵（凤翔县）1994年摄

掩埋灵柩后,纸人、纸马、花圈都要在坟前焚烧(蓝田县)1997年摄

出殡前在村口祭拜（凤翔县）1988年摄

清明节时上坟烧纸（大荔县）1992 年摄

扫墓车途经魏长城(韩城巾)1992年摄

归途(凤翔县)2012 年摄

牵牛（合阳县）1998年摄

社 火

社火是关中老百姓少不了的文化娱乐活动，只不过不像秦腔那样时常演、时常看。社火一般只在春节期间，更准确地说，只在正月十五的元宵节期间耍闹。

社火是戏剧的前身。社火分文社火、武社火。文社火既说唱又表演，并配管弦乐伴奏；而武社火则用脸谱、造型讲故事，游演时锣鼓开道，演员只扎势亮相，不说不唱，像现代西方街头的"人塑"。

与甘肃省接壤的宝鸡县凤阁岭一带，偏僻封闭，但民间文化历史悠久，至今保留着较为原始的文社火。50岁的社火丑角王焱介绍说："我们这里贫穷，文化活动很少，一年到头百姓最多看一场戏。这里地处深山，无路也无车。过年期间，人们只能烧堆柴，像围着篝火那样耍的耍、看的看。因没有灯光，当地人又称这种活动为黑社火。黑社火最活泛，想唱就唱，想舞就舞，唱词与曲子都由师傅亲口传授，一概用乡土语言演唱，群众喜闻乐见。我扮演的角色较多，生、丑、净、旦样样会来，但主要演媒婆。黑社火不唱帝王将相，唱的全是百姓民间的生活故事，如《拉骆驼》《扬燕麦》《小姑贤》《绣鸳鸯》《拐干妹》《亲家母打架》。1999年，香港凤凰卫视专程来宝鸡为我们拍了专题片。"王焱最后说："黑社火现在不受欢迎了，年轻人喜欢跳舞、唱歌、打牌，电视也普及了，谁还看这些过时的旧东西。"

社火是对芯子、高跷、竹马、旱船、狮子、龙灯等演艺活动的统称。社火也叫社戏。据说，"火"与"戏"在关中古语中同音，后人误传误写为火，沿用至今。但就现在的字面意思理解，也是很合实际的。"社"指神、会，也有公共、共同的含义；"火"则有热闹、快活的指向。社火很容易被理解为与祭祀有关的公众热闹快活的娱乐活动。因此，外国人把中国的元宵节誉为"东方的狂欢节"。

社火中的所有角色几乎都来自正史、野史和传说演义，大都是有据可考、有名有姓的历史人物，如《封神榜》中的姜太公、闻太师，《三国演义》中的曹操、刘备、姜维、诸葛亮，《寒窑》中的王宝钏、薛平贵，《白蛇传》中的法海、许仙，等。有意思的是，当今的关中社火把现代人也列入其中。1999年春节，在东府合阳，我就看到社火中多了《红灯记》里的李玉和、李铁梅，《沙家浜》里的郭建光、阿庆嫂，以及抗美援朝中的志愿军、"文革"中的赤脚医生的形象。由于许多历史故事就发生在关中大地上，关中百姓在一年一度的社火活动中重温历史，重新体验了创造历史的自豪感。

由于社火分文社火和武社火，二者所用乐器不同，这使人想起具有悠久历史的民间乐社。它们不是严密而专业的音乐团体,多为自愿组合的带自娱性的松散结构。乐社分两类:一类由锣鼓、铙等打击乐器组成;一类由笙、管、箫、笛等吹奏乐器组成。前者被称为铜器乐社,后者被称为细乐社。乐谱沿用宋代俗字记录的古代传统音乐,其中保留着相当丰富的唐代燕乐遗音。在现在的长安、蓝田、周至等地的会社里,仍然可以看到这些乐器。

"天府之国"的关中,东西地跨数百里,南北近千里,素有丰厚的文化积淀,因此社火种类很多。其中最有关中特色的,要数牛社火、马社火、快火、纸火和血火(也称血故事)。

关中东府地势平坦,农耕发达。牛是农民密切的伙伴,无论日常耕地还是经商运输,都是不可或缺的重要工具,以前也是农民财富的象征。耍社火、闹元宵在于祭天祭神祭祖先,以及庆贺丰收、企盼发展。农民选择自家强壮的秦川牛,给它们披红戴花,沿着村庄田垄巡游,这就是有名的牛社火。牛社火既有团拜祝福的心愿,又有展示财富的含义。

西府山地和丘陵较多,骡马更加实用,况且周秦时代那里就有养马的优良传统,因此这里的马社火全省闻名。乔装打扮的演员们骑在马背上扎势亮相,顺着山路逶迤前行,别是一番景象。随着社会进步,拖拉机、汽车进入农民生活中，车社火有逐渐全揽的趋势。表演车社火时，车体要用花床单裹起来，演员或站或坐在被固定于车内的凳子或钢筋上，按故事情节中的打斗翻腾动作一律定格，随车体移动游演于村头街尾。由于剧情需要人中架人，成人体重太重，只能选择七八岁甚至四五岁的男女儿童担当角色。这些被选中的孩子都有崇高的自豪感，因为这样会提高他们在村中的威望，受到落选孩子的羡慕。而从大人的角度理解，凡被选中的儿童，全年将避邪消灾不生百病。然而，这神圣又光荣的差事，实际上让小孩子吃了大苦。

天不亮，小演员们就被大人摇醒，强行拉出热乎乎的被窝，化妆成生、旦、净、末、丑。化妆师都是村上祖传的老把式。我曾仔细比较过东西两府化妆师的"作品"：东府追求粗犷野性，常常把角色的脸当成"生宣"，大写意式地涂抹几笔，保持一个基本大形即可；而西府的脸谱，好像是在熟宣上画工笔，一丝不苟，定型后的脸谱细腻工整，不亚于大城市专业剧团的化妆水平。化妆后的孩子们被扶上钢架，用宽长的布条把他们结结实实地固定下来，然后穿上戏装，掩盖住被捆绑的胳膊腿脚。出发前只给孩子吃几个鸡蛋，绝对不给喝水，以防中途小解。天真的孩子们兴高采烈，乐悠悠地上了钢架，还挤眉弄眼，相互嬉戏。可是过不了多久，他们就感到失去自由的痛苦，有的甚至默默地流眼泪。

一切准备停当，已近中午，司机拿手摇把，与助手合力摇转发动点火。一番周折后，拖拉机才懒洋洋地吐出阵阵青烟，发出嘟嘟响声。司机见车已发动，收了摇把启动汽车，在凹凸不平的土路上摇摇晃晃地游动起来。小演员们像没有了筋骨，一左一右、一前一后地随着车轮的颠簸，像醉汉般飘动着。一阵寒风吹来，五颜六色的龙旗伴随着喧天的锣鼓及阵阵剧烈爆响的鞭炮声猎猎展动，把个宁静了一年的山村耍活得如醉如痴，直到日斜西天。大半天的风吹日晒、颠簸游荡，早晨还充满活力的"小包公""小诸葛""小白蛇"们一个个垂头昏睡，歪了脑袋，没了灵气。

社火中的绝活极品要数宝鸡县赤沙镇的"快火"、合阳县岱堡村的"血火"及周至县的"纸火"。

宝鸡县赤沙镇位于陇山深处，地理位置偏僻，交通闭塞，较少受外来文化影响，因而完整地继承、保护了独具特点的传统快火。赤沙快火取材于《水浒传》武松为兄报仇，血溅狮子楼，砍杀西门庆及其同党的故事。化妆师吴杰老人的儿子吴福来告诉我，快火只装13个身子，除武松、武大郎外，潘金莲被武松踢入酒缸，其余恶人或被木凳砸了脑袋，或被镰刀砍了脖子，或被利斧劈了脸面，或被锥子刺了额头……总之，置恶人于死地的武器，清一色全是农具，更增添了痛快、"解馋"的乡土气息。在宝鸡一带的方言中，"快"有残厉、畅快、解恨的多重含义，而这种活动的内容与主题是扬善抑恶，于是百姓把这种寓教于乐的活动称"快火"。

快火在赤沙镇已有近百年历史。2001年5月，赤沙快火还应德国邀请前去表演。2002年春节过后，听说赤沙正月十五又要耍快火，我冒雪赶到那里后，得知大年初二那天69岁的化妆师吴杰去世了，另一位化妆师傅辉和吴老先生的儿子继承了这门手艺。据他们讲，相传清末年间，有一个河南铁匠来到赤沙三寺村时突然病倒了，村里人厚道，热情接纳了铁匠并帮他治病。病愈后，铁匠临走时打了一套"家伙"回报三寺村村民，并教会他们化妆游演，快火就这样流传下来。快火化妆是绝对保密的，即便是本村、本族的人，也只传男不传女，只传本族不传外村，因此在整个西府地区，只有赤沙才有快火。

合阳县孟庄乡岱堡村位于东府的渭北高原、黄河西岸。据了解，这里的"血火"已有150多年历史。与赤沙快火不同的是，血火并不拘泥于一个故事，而是把历史上的名恶首腐一个个刀劈枪刺，使之黑血洒地、心露肠流。

血火用的武器基本为正式兵器,暗示老百姓对清廉公正的国家政权的向往和拥戴。血火的准备工作十分复杂。天不亮,人们就得起床化妆,直到九十点钟方可完成。装扮好的演员一律在彩车中亮相,铳子手们围在彩车两旁,悄悄地点燃铳子。随着轰轰剧烈的爆响,浓烟升腾,遮蔽了彩车。就在这一刹那,演员们完成了名恶首腐被杀被戮的动作。随着烟雾散去,人们看见那些恶贯满盈的腐恶分子血淋淋的肠肚撒了一地。血火用的肠肚之类道具,全是日前杀猪宰羊时预留下来的牲畜内脏,因此十分逼真。正月天气,关中大地仍然是冰天雪地,可演员们却要光膀露身,只穿一件古装戏裤。如遇雨雪天气,仍要坚持游演七八个小时。途中有人不停地用烧酒为他们擦身祛寒,据说这样可以预防感冒。扮演血火是件十分辛苦的差事,可村民们仍然力争被选。这样做并不是为会社组织发给的两元钱劳务费,主要是图吉利。据说,扮演血火的人从来没有因赤身露背而生病的。

  周至县地处关中腹地、终南山下、渭河南岸,秦汉时为皇家游猎的上林苑即在此地。中国道教鼻祖李聃在周至的楼观台授《道德经》五千言,不久谢世,葬于西楼观。纸火是祭祀李聃的重要祭品。

  周至的庙会很多,"十八会"就是远近闻名的一年一度的庙会。庙会由各会社轮流坐庄组织实施。到了正会这天,各村堡的会社组织群众带上自己精心制作的纸火,在彩旗仪仗的护卫下,由锣鼓开道,浩浩荡荡游演至中心会场。2001年正月十八一大早,方圆数十里的乡亲们陆续来到终南山下的侯家坡看热闹。这次庙会轮到侯家坡村坐庄,待我们驱车赶到时,村头田间早已是人山人海。人们乱蜂一般追逐围观"纸火"车队。从上三屯仪仗队的牌匾上可以看到这样的对联:"六出雪花生兆瑞屯田显见屡丰年,老王千载香火盛爷从唐代亲口封。"一问才知,"十八会"所敬奉的神是从唐代就有的。但根据《周至县志》记载,2000多年前,秦始皇在楼观台建立清庙,谒祀老子,是中国庙会的先声,应该说周至庙会源远流长。

  周至纸火在关中绝无仅有,闻名遐迩。纸火造型有亭子、牌楼、宫殿等。农民们用自己粗壮而灵巧的双手,用五颜六色的彩纸、金纸和银纸,以黍秆做龙骨,扎成亭台楼阁,并镶嵌景德镇出品的大小不一的陶瓷套盘,甚是严谨精巧。亭台楼阁上有纸塑人物,人物头部用黄泥捏成,墨描粉面,栩栩如生。亭子造型的品种,一亭塑一人;牌楼造型的品种,分上、下两层,每层有一组人物;宫殿造型的品种为多层,帝王将相、神仙粉黛亮相其中,表现的大都是与其他社火相同的历史故事或民间传说,如《别窑》《祭灵》

《斩秦英》《下河东》《草坡面礼》《三气周瑜》《花亭相会》等。众人抬着纸火，在成千上万人的簇拥下，绕村串乡，最后停放在设有中心会场的麦田里。待各路纸火会齐后，让人仔细观看欣赏。这时各会社的锣鼓家伙一起敲打起来，随从的秧歌、狮子舞，以及在周至颇有名气的"牛虎斗"等传统节目也尽情表演一番。人们正在尽兴时，突然一个个由氢气球吊起来的纸人腾空而起，这些纸人均系传说中主管福、禄、寿、水、火、土的神仙。人们眼睁睁看着它们在气球的牵引下升到高空，飘向西天。其余纸火在锣鼓彩旗带领下，穿过村庄，游演到供奉"三爷"的神棚前，经过一番仪式，在剧烈的铳子声中被焚之一炬。

20世纪90年代初，我曾经采访过在老子讲述《道德经》的楼观台举办的楼观庙会。每逢农历二月十五，西楼观都要举办祭拜老子的庙会。那天，汇集来的各村纸火游演后，定会被抬到李聃的山上行宫。开路的是身着古装、手提丈八偃月刀的大汉，被称作"通灵"。据说，俗人是通过他与各路神仙取得沟通，并传递信息的。当纸火队伍在他的引领下爬上山路来到行宫时，"通灵"对着香火和人群默念咒语，挥舞大刀，直到筋疲力尽倒在地上。只见他嘴对着大地悄悄说了些什么后，便被人抬走。我问其中缘由，回答说

"通灵"叫醒了老子,他已经完成了使命。此时,鞭炮声、铳子声响成一片。众人下跪磕头,朝拜老子。突然,烈焰冲天,浓烟滚滚,所有纸火被瞬间点燃,顿时化作烟灰,随风飘向天空。有人大喊道:"老子收了纸火了。"人们随即四散而去,庙会到此结束。

社火是戏剧的前身。关中社火种类繁多，有快火、纸火、牛社火、马社火和现代的车社火。耍社火在正月进行，正月被誉为"关中人的狂欢节"。

① 包公一直是社火中的主角（西安市）1994年摄

② 游演的社火（陇县）2011年摄

③ 正月的山村（千阳县）1998年摄

① 宝鸡赤沙的快火之一（宝鸡县）1990年摄

② 宝鸡赤沙的快火之二（宝鸡县）1998年摄

③ 西安三兆的血故事（西安市）1998年摄

④ 合阳血故事（合阳县）1999年摄

① 社火演员（陇县）2011 年摄

② 用架子车游演社火（宝鸡县）1989 年摄

③ 用手扶拖拉机游演社火（宝鸡县）1998 年摄

① 芯子（陇县）2012年摄

② 用拖拉机游演社火（合阳县）1999年摄

③ 陇县的马社火（陇县）1998年摄

① 新社火(陇县)2012 年摄

② 挂在氢气球上的纸社火(周至县)2001 年摄

① 凌晨四五点就起身化妆（合阳县）1999年摄

② 周至县的纸社火（周至县）1986年摄

① 纸社火的材料主要是黍秆、彩纸（周至县）2010 年摄

② 纸社火造型也是历史故事中的人物形象（周至县）2010 年摄

③ 飘荡在人群中的纸社火（周至县）2001 年摄

锣鼓是社火离不了的重要乐器（富平县）2009年摄

鼓手情不自禁跳上鼓边击边跳,称为"上锣鼓"(合阳县)2010年摄

① 合阳县东雷村的"上锣鼓"（合阳县）2010 年摄

② 孩子被选上当演员，父母认为是幸事（合阳县）1989 年摄

③ 社火头儿（户县）2001 年摄

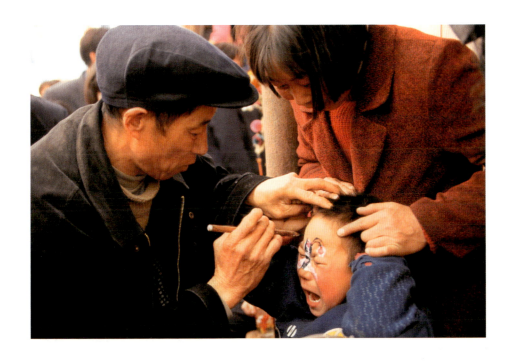

① 难得尽兴（周至县）2001年摄

② 西府社火脸谱（陇县）1989年摄

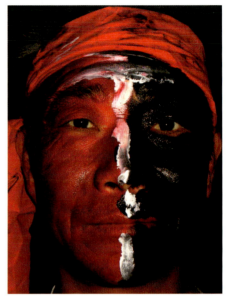

东府社火脸谱（合阳县）2010年摄

秦　腔

小时候跟随爷爷在田里干活,时间一长,老人总是以手撑腰,缓缓地直起身来,随即敞喉喝喊:"王朝马汉一声叫——",来段秦腔,平胸利肺,舒筋展骨,把聚积其中的劳苦困乏一股脑儿呼吐出去。我虽然不懂他喝喊的是什么,更没有他老人家的生活体验,但受那高亢激越的肺腑之音的感染,也会跟着乱喊乱叫几声。喊完唱罢,爷爷就像抽了一袋旱烟,吃了一碗黏面,精神抖擞地重新干活去了。

秦人喜欢秦腔,离不开秦腔,就像离不开热炕、秦椒、西凤酒、臊子面一样。秦腔是中国最古老的传统戏剧。秦腔有快板,有慢板。听了快板,能叫伤心的人欢快起来;听了慢板,又能叫欢快的人伤心落泪。秦腔中最能震人心肺的是大净。大净的吼叫声,像是雨天的炸雷,能把人身心炸碎,激得你浑身热血沸腾,手脚发抖,简直不亚于现代迪厅中的高强音响。还记得当年爷爷带我去县城看戏,戏毕了,要翻山过河赶夜路返回,前后一片漆黑,总觉得有双狼眼泛着绿光紧追在身后,吓得我一会儿跑到爷爷身前,一会儿躲在爷爷身后。正当我不知所措时,猛然听见爷爷憋足力气,吼出一段《杨家将》唱腔,悲怆高扬,回音漫山。顿时,身前身后好像有了千军万马,给我添了胆量,紧张、害怕的心情一下子化为乌有。要说最能感染人的还算秦腔中的青衣，其唱腔娇嗔柔韵、圆润甘美，常常把看戏人弄得揪心断肠、张口难合。记得1996年著名秦腔表演艺术家肖若兰谢世，易俗社门前连续三天挑灯夜唱，那懒软凄柔的曲调把台下人唱得个个泪流满面、抽泣不已。

关中人习惯把真人演出的秦腔剧称为大戏。逢年过节、婚丧嫁娶、生日祝寿、庆典庙会都唱大戏。那时，戏场子挤满了人，溢出来实在挤不进去的，人们便在村前树头、山坡沟底、墙背房顶寻找自己的立足点。台上净末对唱、忠奸互骂，台下情绪起伏、要死要活。而那些尚能保持冷静、自主意识较强的大姑娘、小伙子们，则各自欣赏着刚烈生猛的大净、粉面柳腰的旦角。他们指指画画、窃窃私语，间或掀起凌厉的口哨和吆喝狂潮。关中人生子用秦腔相迎，送终用秦腔告别，大喜用秦腔祝贺，大悲用秦腔宣泄。人生一辈子，秦人的世界简直就是秦腔的舞台，过不完的生旦净丑，演不完的人生戏剧，秦腔深深地铭刻在关中人的生命基因中。

关中人旧时把秦腔演员称为戏子，至今在许多地方仍然保留着这种称谓。正月里或农闲时，在秦陇山坡或渭水平原的村落间，常常可听见一声声尖利的喊叫："'戏子'来了！"村民们闻声呼啦提凳掩门，跑出家院，急促地汇集在台前幕后，围观盼望已久的"戏子"。

"戏子"大都年轻,十几二十岁,有来自城镇,有出身乡村,有戏校毕业生,有拜师学徒者,虽都勤奋,却更实际。我曾问他们:"为什么学戏?"一位女生说:"家居山区,生活贫困,托亲戚说情,来到剧团唱戏,实为挣钱孝敬父母。"麟游县剧团的一位小姐说,她毕业于艺校,但并不想显山露水争当名角,"自己只图一个稳定的供职单位和工作"。可如今电视普及,歌厅遍地,大众文化娱乐的消费方式多元并存,秦腔剧团的市场份额越来越少,早已失去往昔的红火与稳定,割亲断奶的市场经济也早已把剧团推进自负盈亏的商潮中。据麟游县一位台柱子老演员介绍说,剧团生存全靠自己,不但要养剧团,还要给主管部门上交创收。每年演出260多天,才能保住人均300元的基本工资。当然演员月工资并不等,最高400元,最低200元。

　　下乡演出,对于地方小剧团来说,是十分艰辛的事情。他们不像省会剧团,更无法与央视"心连心慰问团"相比,他们下到基层不会有专门机构接待,管吃管住,更不会在临走时有土特产拿。地方小剧团下乡演戏,全靠自己主动联系,大都是最底层的山村。条件好些的村子盖了希望小学,"戏子"来了,腾出教室,就地铺上麦草,演员们解开自带被褥,铺在麦草上,落座休息。冬季里,虽然山村阳光明媚,但寒风不止。风和阳光一起从墙缝、门缝、窗缝挤进教室。被风不时卷起的麦草悬空飘荡。阳光像被剔除了热量，冷冷地洒在地铺上。晚上更难耐，演员们常常和衣而睡。尽管喊唱了半夜，临睡前却不敢多喝水，怕起夜。起夜太痛苦了，刚钻出被窝，可怜的一点儿暖气即刻消散。从外面回来，带着一身冷气，被窝也变成了冰柜，人钻进去，长时间回不过热气来，久久不能入睡。

演员在山村里吃的是派饭，每户分几位。若逢年节，乡亲们十分热情地倾尽家中好酒好肉招待。有了这一片热情回荡在心中，演员们会认认真真演戏。一句句轩昂、凄婉、凌厉、悠长的唱词，道出了关中人的千年历史、百年企盼，道出了"戏子"的甘苦痴情、人生体验。乡亲们明白，这回肠荡气的快活，都是"戏子"带来的。

关中还盛行"小戏"。小戏即木偶、皮影之类由人操弄伴唱的戏剧。小戏班子人少，行头少，花费少，非常适合经济滞后地区百姓的文化娱乐需求。地处穷乡僻壤的农家人娶亲生子过满月、祝寿埋人盖新房，他们随请随到。以皮影戏为例，戏台简易得只需一张纱幕、一盏灯，再加上三四个乐手、一两个撑竿表演艺人和一位唱师，即可起鼓开张。皮影的造型是用驴皮刻制并染了颜色。老班子的皮影不知已传承了多少代人，连包装皮影的牛皮夹子都已磨掉了四个角。皮影戏中最辛苦的为唱师，最难寻聘的也是唱师。他一人要包唱生、旦、净、末、丑所有角色，要求男女苍嫩音调分明，准确无误。若实在找不到这样全能的唱师，只好由乐手中能唱的人分担角色。

关中最驰名也是独此一家的要数东府的悬丝木偶。它与一般木偶戏相比，最大的差异是不遮盖腿脚，木偶全身显现在舞台上，演员全部在舞台上方的吊桥上控制操作木偶。他们一手持两根木杆，木杆上系有数十根丝线，由这些丝线牵动木偶的头、肩、腰、膝、肘、腕、指、趾，甚至可以控制木偶的眼睛和眼皮翻转眨动；演员的另一只手用来弹、挑、勾、拨、提那数十根丝线，使木偶根据剧情灵活自如地行走、跳跃、翻滚、打斗、高歌、对话、痛哭、抹泪……栩栩如生，翩翩动人。悬丝木偶没有专职唱师，操纵者负责角色的唱腔、曲调，或是秦腔，或是"眉户"，也有"碗碗腔"，可谓关中民间艺术的珍品。

如今悬丝木偶剧团越来越少，据说最主要的原因还不完全是缺钱买不起家当，也不仅仅因木偶制作工艺复杂，而是操纵木偶的演员人才奇缺，吊线操作的技能太不易掌握。随着社会生活日趋现代化，小戏逐渐失去产生和存在的条件，收入甚低，学员断流，悬丝木偶的前景并不看好。

秦腔是古老的剧种。秦人离不开秦腔,就像离不开秦椒、热炕、臊子面、西凤酒一样。

① "戏子"（陇县）1998 年摄
② 看戏（长安县）1990 摄

① 秦腔是陕西人心中的"大戏",备受欢迎(陇县)1991年摄

② 戏台也是演员睡觉的地方(陇县)1993年摄

③ 下台收钱(西安市)1989年摄

① 化妆（西安市）1989年摄

② 演戏间隙（西安市）1989年摄

③ 台下既看戏也剃头（长安区）1988年摄

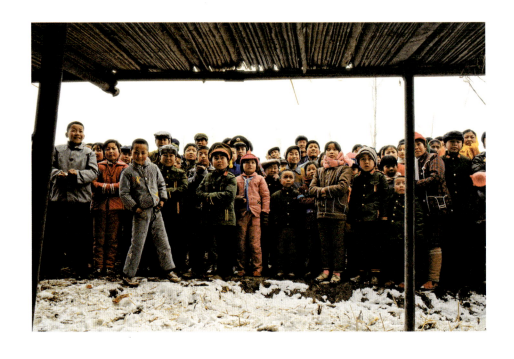

① 台下的观众（千阳县）1988年摄

② 皮影戏演员都是表演、配唱的多面手（华县）2004年摄

③ 条件虽简陋，但演戏却十分认真（大荔县）1989年摄

④ 陇县皮影（陇县）2009年摄

① 华县皮影戏最有名气（华县）2004 年摄

② 华阴老腔（华阴县）2011 年摄

③ 木偶戏（合阳县）1994 年摄

城墙下的老戏班

20世纪70年代末,也就是"文革"刚结束不久,西安城墙四周的护城河沿岸突然聚集了许多唱秦腔的、拉京胡的、演豫剧的古戏班子。初到西安的人,还未进城,就会被锣鼓家伙所吸引,使人立刻沉浸在古香古色的古城文化氛围中。说起来,西安也是个移民城市。戏曲是家音乡情最古老、最集中的表达方式,何况在那个经历了十年残酷争斗和文化饥渴的年代。一声秦腔,一曲京胡,一段豫剧,会把你带入温馨的故土和沉静的追忆中。

20世纪80年代,我采访并拍摄了豫剧古装戏班演员的生活和演出活动。从中,我们可以回味那时部分西安人的生存环境和生活情趣。

那是1985年秋的一天,我来到儿时常常爬墙登城的冒险乐园——西安城墙下,看见小东门两侧城墙上挂起篷布,地上放了圆木,搭成"戏院"。一张帆布为戏台,圆木断砖为座椅,演员与观众相距咫尺,一阵铿锵锣鼓、铛铛梆子声,刘备、张飞、关云长、包公、窦娥、杨家将及青、白蛇们粉墨登场,招徕退休长者、过路游人、小商小贩狂热地击掌、喝彩,这是来自河南农村戏味醇正的豫剧正在演出。

每唱完一出,水灵的旦角就满场子收钱。钱就是饭,要钱比要饭更难。她们死缠硬磨,千方百计、变着法子从戏迷衣袋中弄出钱来。那时人们虽然已涨工资，但也只能给五角、一元。

后来古城西安出现了歌舞厅、镭射影厅、卡拉OK厅，那里边灯火辉煌、高雅豪华、舒适迷人，加之倩影窈窕、丽声袅袅，各种录像节目丰富多彩，却仍然不能吸引老戏迷前去光顾。是什么让他们对老掉牙的传统戏如此痴迷呢？我问戏迷，他们只是狠狠地说："野场子听老戏，痛快过瘾！"

戏曲是家音乡情最古老、最集中的表达方式。一声秦腔，一曲京胡，一段豫剧，会把你带入温馨的故土和沉静的追忆中。

① 演员住在老城墙下的窝棚里（西安市）1985 年摄

② 观众虽少，照样认真演出（西安市）1985 年摄

① 团长说戏（西安市）1985 年摄

② 男演员与他的孩子（西安市）1985 年摄

③ 小憩（西安市）1987 年摄

① 幕后总有点儿神秘，吸引着好奇的观众（西安市）1989年摄

② 后台（西安市）1987年摄

③ 讨要小费（西安市）1987年摄

① 后台(西安市)1989年摄

② 演出间隙(西安市)1989年摄

① 因无城市户口,演员孩子不能上学(西安市)1989年摄

② 演古戏,迎亚运(西安市) 1989年摄

拴 马 桩

关中东府北山有丰富的石材资源。靠山吃山，富平县自古出石匠。北山古代帝王墓前的石人、石兽、石禽、石碑，大都出自富平石匠之手。

走遍关中平原的渭北村落，几乎家家门前都竖一根石刻拴马桩。

拴马桩实在是关中农村民间石刻艺术的瑰宝，它们从雕凿技艺和思想含量两方面，创造了中国传统民间文化的至尊至贵。而从中国的交通学与通信史学角度说，其研究价值至少也是一个无可替代的实证。然而遗憾的是，这一重要的文物从来就没能进入中国正史的大雅之堂。

拴马桩所体现的是一个无比丰富而深邃的文化精神领域，它不但有着石雕艺术的自身研究意义，而且蕴藏着关中人的宗教思想、生育观念、生命意识和图腾崇拜。

在东府的澄城、蒲城、合阳、大荔、韩城和富平的广大农村，我看见的拴马桩有天王麒麟、骑狮菩萨、太师少保、罗汉狻猊、骑狮济公、胡人驯狮等，其中狮子的形象随处可见。狮子是佛与护法灵佑的骑乘，在佛教传法公案里是公平公正的象征。在拴马桩的顶部，我们可以看到各式各样的行狮、卧狮、蹲狮、吼狮，同时可看到佛教世界的菩萨、罗汉、阿难、迦叶。这些佛教人物大多骑着狮子行走天下，是否隐喻着佛法西来，也未可知。但狮子与佛教却不是东土的产物，它们分别出于非洲和南亚。

我拍摄拴马桩是在 1992 年以前，全部是村场、院宅现场的自然记录。这些石桩上雕刻的人兽表情丰富，或嬉戏，或恼怒，或凶煞，或虔诚，或媚俗……千姿百态，令人惊叹。我后来得知，陕西省群众艺术馆、西安碑林博物馆开始大量收购拴马桩。2000 年，西安美术学院也收购了一批拴马桩，并把它们立在校园里做饰品。紧接着，各地县也如法炮制。一夜之间，渭北高原自然村中数万个拴马桩几乎全部被搬进城里的文化馆内。我照片中老农抱着孩子，依偎在村头拴马桩边晒暖、聊天，享受天伦之乐的自然镜头，再也没有了。

拴马柱是关中民间石刻艺术的瑰宝,它们从雕凿技艺和思想含量两方面,创造了中国传统民间文化的至尊至贵。

① 阿难、迦叶拴马桩(合阳县)1992年摄
② 胡人驯狮拴马桩(韩城市)1992年摄

① 关中农村马很少，拴马桩大都用来拴牛（合阳县）1992年摄

② 石鼓上坐狮拴马桩（合阳县）1992年摄

罗汉狻猊拴马桩（合阳县）1990年摄

被移到旅游景区的拴马桩（合阳县）2012年摄

① 散落在自然村中的拴马桩很多都残缺不全（合阳县）1998年摄

② 坐狮拴马桩（凤翔县）1985年摄

被集中展示的拴马桩（六阳县）2012年摄

① 吼狮拴马桩（韩城市）1992 年摄

② 立在院落里的拴马桩（合阳县）1992 年摄

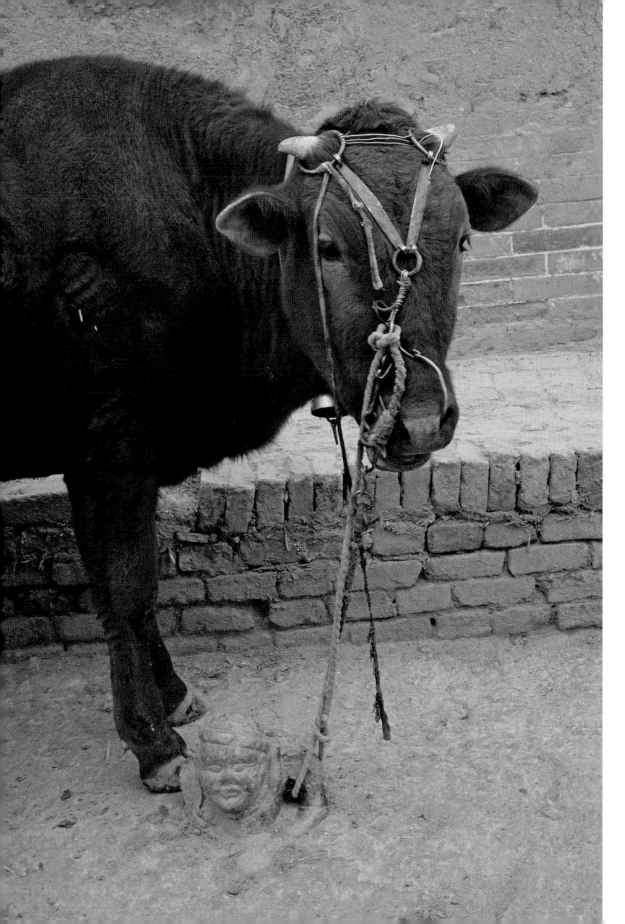

① 较少见的埋在地下的拴马桩（合阳县）1992年摄

② 胡人驯狮拴马桩（合阳县）1998年摄

① 蹲狮造型的拴马桩（合阳县）1998年摄

② 被移到旅游景区的拴马桩（合阳县）1998年摄

立在猪圈里的拴马桩（合阳县）1998 年摄

后　记

摄影对我只是工具，激励我活着的工具。我不为摄影而活，但我活着必须摄影。用摄影记录生活、解读人生、认知社会，是我逐渐形成的摄影观。30多年过去了，偶尔翻阅20世纪60年代中期初学摄影时拍的照片，我发现其中就蕴含着这种观念的因子。我曾经幻想着摄影能成为实现艺术追求的目标，但很快，理想连同移栽过来的信仰一起破灭了。饥饿的烙印与文化专制的创伤，使我只能脚踏实地回到民间俗人中去，以平民意识关注普通百姓的生活，用纪实手法展现关中八百里风情。我从不自觉到自觉地走上这样一条摄影之路。

藏着的关中，作为一种客观存在，它首先藏在民间，藏在我这些以平民意识与纪实手法拍摄的照片中。为拍这些照片，我付出了数十年的努力。无论春夏还是秋冬，抑或年节，我放弃了与家人团聚，无暇顾及年迈的父母。尽管他们不懂摄影，但他们凭一种亲情坚信我在做正事，给予我充分的理解与支持。而那些长期以摄影权威自居的所谓"革命理论家"，却给关注平民生活及其生存状态的摄影者冠以"土、老、破、旧"的帽子。斗转星移，时至今日，"土、老、破、旧"的照片终于显现出其深刻的历史与文化意义，更重要的是，它们再不可重生了。

在一个作秀、作美的流俗时代，我恪守平凡与拙朴、自然与寻常。在我眼中，关中人用世代文化承传的每个天日填塞着岁月的纵深。面对他们，先记录下来是最重要的。而以往的历史之眼，有谁正视过他们？摄影就是摄影，简洁直录才能使之生根在自己的本体上。

　　关中文明的盛衰起伏，是秦人生命长河中翻滚的波澜。瞬间的流变，都体现着种群血性、命运轨迹和文化传承。因此，回到民间，贴近了普通人生活的烦琐，也就贴近了真实，贴近了国情。记录下凡人俗事这一个个从未进入大雅之堂的瞬间，必将为摄影注入生活的厚重，为历史增添现实的鲜活，为读者提供一些看后的静思。

　　《藏着的关中》中的这些老照片最早的摄于1971年，最晚的摄于2014年，时间间隔为43年。经过时间与岁月的洗礼，这些照片都经受住了考验，每一个瞬间都与被历史遗忘太久的普通关中人的命运与遭际相关，与他们的生存状态及生存方式相关，与他们的习性及愿望相关。总之，与数千年间关中人断续重生的文化血脉相关。

　　不是说如今是读图时代吗？"读"字由"言"和"卖"合成，有言卖出才有读，可见言与读自古就是一种交易关系。信息与知识也是商品，是有价值的，因此，才被自觉互换。言不仅能换来阅读与传播，还能换物、换权、换地位。这说明言是分类的、分功能的。影像也一样，无论面对哪种类别与功能的影像，既不能强制人读，也不能强制人不读，读图应是一种相互的自愿行为。

　　本书出版之际，我要感谢关中的父老乡亲！同时感谢西北大学出版社及薛保勤、马来先生对本书再版所付出的努力，感谢编辑和所有为此书付出辛勤劳动的朋友与同事。就在夜以继日整理编辑书稿期间，久病不起的母亲于2013年6月2日离我而去。谨以此书献给我的母亲，以表我未尽的孝心，慰藉她的在天之灵。

胡武功
2014 年 6 月 28 日

图书在版编目（CIP）数据

藏着的关中．秦风秦韵 / 胡武功著．—西安：西北大学出版社，2014.8
ISBN 978-7-5604-3419-3

Ⅰ．①藏… Ⅱ．①胡… Ⅲ．①陕西省—概况②风俗习惯—陕西省 Ⅳ．①K924.1 ②K892.441

中国版本图书馆 CIP 数据核字（2014）第 163367 号

藏着的关中——秦风秦韵

胡武功　著

西北大学出版社出版发行

（西北大学内　邮编：710069　电话：88302621　88302590）
http://nwupress.nwu.edu.cn　　E-mail: xdpress@nwu.edu.cn

新华书店经销　西安奇良海德印刷有限公司印刷

开本：787 毫米×1092 毫米　1/16　印张：13

2014 年 7 月第 1 版　2014 年 7 月第 1 次印刷

字数：85 千字

ISBN 978-7-5604-3419-3　　定价：56.00 元